A, B, C, FRANÇAIS,

OU

PRINCIPES

DE LECTURE

A L'USAGE

DE LA JEUNESSE.

A BAR-LE-DUC,
CHEZ ALEXANDRE LAGUERRE,
LIBRAIRE-ÉDITEUR.

✠ A b c d e f g
h i j k l m n o
p q r s t u v x y z
ff fi ffi fl ffl Æ OE
W Ç É È Ê w æ œ.

Chiffres Arabes.

1 2 3 4 5 6 7 8 9 10 20
30 40 50 60 70 80 90
100 200 300 400 500.

A B C D E F G H

I J K L M N O P Q

R S T U V X Y Z

â ê î ô û à è ì ò ù é ç

w - ' , ; : ? ! .

Chiffres Romains.

I, II, III, IV, V, VI,

VII, VIII, IX, X, XX,

XXX, XL, L, C, D, M.

Ba be bi bo bu

Ca ce ci co cu

Da de di do du

Fa fe fi fo fu

Ga ge gi go gu

Ha he hi ho hu

Ja je ji jo ju

Ka ke ki ko ku

La le li lo lu

Ma me mi mo mu

Na	ne	ni	no	nu
Pa	pe	pi	po	pu
Qua	que	qui	quo	quu
Ra	re	ri	ro	ru
Sa	se	si	so	su
Ta	te	ti	to	tu
Va	ve	vi	vo	vu
Xa	xe	xi	xo	xu
Za	ze	zi	zo	zu
Bla	ble	bli	blo	blu

Bra bre bri bro bru

Cla cle cli clo clu

Cra cre cri cro cru

chra chre chri chro chru

Dra dre dri dro dru

Fla fle fli flo flu

Gla gle gli glo glu

Gna gne gni gno gnu

Gra gre gri gro gru

Pha phe phi pho phu

Pla	ple	pli	plo	plu
Pra	pre	pri	pro	pru
Spa	spe	spi	spo	spu
Sta	ste	sti	sto	stu
Tla	tle	tli	tlo	tlu

Notre Père qui êtes dans les cieux, que votre nom soit

sanctifié, que
votre règne ar-
rive, que votre
volonté soit fai-
te en la terre
comme au ciel;
donnez-nous
aujourd'hui

notre pain quo-
tidien, et par-
donnez - nous
nos offenses
comme nous
pardonnons à
ceux qui nous
ont offensés,

et ne nous laissez point succomber à la tentation; mais délivrez-nous du mal. Ainsi.

Je vous salue, Marie, pleine de grâce, le Seigneur est avec vous, vous êtes bénie entre toutes les femmes, et Jésus le fruit de vos entrailles est béni.

Sainte Marie, Mère de Dieu, priez pour nous pauvres pécheurs, maintenant et à l'heure de notre mort. Ainsi soit-il.

Je crois en Dieu le Père tout-puissant, créateur du ciel et de la terre, et en Jésus-Christ, son fils unique, notre seigneur, qui a été conçu du Saint-Esprit, est né de la Vierge Marie; qui a souffert sous Ponce-Pilate, a été crucifié, est mort, et a été enseveli; est descendu aux enfers; est ressuscité des morts, le troisième jour; est monté aux cieux; est assis à la droite de Dieu le Père tout-puissant, d'où il viendra juger les vivans et les morts. Je crois au Saint-Esprit, la sainte Eglise catholique, la communion des saints, la rémission des péchés, la résurrection de la chair, la vie éternelle.

Ainsi soit-il.

Je me confesse à Dieu tout-puissant, à la bienheureuse Marie toujours Vierge, au bienheureux saint Michel Archange, au bienheureux saint Jean-Baptiste, aux Apôtres saint Pierre et saint Paul, à tous les Saints, et à vous (mes frères), d'avoir beaucoup offensé Dieu, par pensées, par paroles et par actions. C'est par ma faute que je suis coupable de tant de péchés; oui, c'est par ma faute, et par ma très-grande faute. C'est pourquoi je prie la bienheureuse Marie toujours Vierge, le bienheureux saint Michel archange, le bienheureux saint Jean-Baptiste, les Apôtres saint Pierre et saint Paul, tous les Saints, et vous (mes frères), de prier pour moi le Seigneur notre Dieu.

FIN.

Typ. de LAGUERRE-NÈVE aîné, Imprimeur et Lithographe, rue Rousseau, 32, à Bar-le-Duc.

www.ingramcontent.com/pod-product-compliance
Lightning Source LLC
LaVergne TN
LVHW020636110826
845149LV00004B/1231

* 9 7 8 2 0 1 9 4 9 0 4 1 6 *